呂巖（七九八—？）

字洞賓，號純陽子，相傳爲河中（今山西永濟）人。唐末道士。曾隱居終南山等地修道，後游歷各地，遇鍾離權授以丹訣，遂得道。道教全真追尊爲北五祖之一，通稱『呂祖』。又爲傳説中的八仙之一，留下了許多民間傳説。《全唐詩》存詩四卷。

沁園春

呂巖

琳館清標，瓊臺麗質，何年天上飛來？揚州暫倚，后土爲深栽。獨立乾坤一樹，春風占，萬朵齊開。天然巧，蕊珠圓簇，玉瓣輕裁。　見一花九朵，類玲瓏玉斝。錯落瓊杯，得滿盛香露，洗蕩塵埃。是真元孕育，有仙風道骨，豈是凡胎！問真宰，難留下土，携爾上蓬萊。

柳永

生卒年不詳。字耆卿，初名三變，崇安（今福建武夷山市）人。景祐元年進士，官至屯田員外郎。爲人放蕩不羈，一生坎坷。專心詞作，作品多反映羈旅之思和歌妓生活。有《樂章集》。

迷神引

柳永

紅板橋頭秋光暮，淡月映烟方煦。寒溪蘸碧，繞垂楊路。重分飛，携纖手、泪如雨。波急隋堤遠，片帆舉。倏忽年華改，向期阻。　時覺春殘，漸漸飄花絮。好夕良天長孤負。洞房閑掩，小屏空、無心覷。指歸雲，仙鄉杳、在何處？遥夜香衾暖，算誰與。知他深深約，記得否？

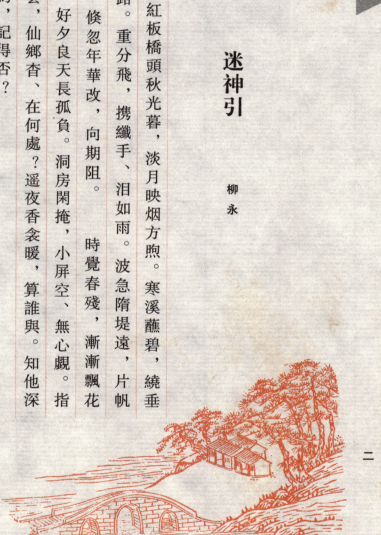

朝中措（送劉仲原甫出守維揚）

歐陽修

平山闌檻倚晴空，山色有無中。手種堂前垂柳，別來幾度春風。文章太守，揮毫萬字，一飲千鍾。行樂直須年少，尊前看取衰翁。

望江南

韓琦

維揚好，靈宇有瓊花。千點真珠擎素蕊，一環明玉破香葩。芳艷信難加。

如雪貌，綽約最堪詩。疑是八仙乘皓月，羽衣搖曳上雲車。來會列仙家。

維揚好

韓琦

二十四橋千步柳，春風十里上珠簾。

廣陵書社

西江月（平山堂）

蘇軾

三過平山堂下，半生彈指聲中。十年不見老仙翁，壁上龍蛇飛動。

欲吊文章太守，仍歌楊柳春風。休言萬事轉頭空，未轉頭時皆夢。

臨江仙

蘇軾

尊酒何人懷李白，草堂遥指江東。珠簾十里卷香風。花開又花謝，離恨幾千重。

輕舸渡江連夜到，一時驚笑衰容。語音猶自帶吳儂。夜闌對酒處，依舊夢魂中。

浣溪沙（揚州賞芍藥櫻桃）

蘇軾

芍藥櫻桃兩鬥新，名園高會送芳辰。洛陽初夏廣陵春。

紅玉半開菩薩面，丹砂穠點柳枝脣。尊前還有個中人。

驀山溪（春晴）

黃庭堅

朝來風日，陡覺春衫便。翠柳艷明眉，戲鞦韆、誰家倩盼。烟勻露洗，草色媚橫塘。平沙軟，雕輪轉，行樂聞弦管。

追思年少，走馬尋芳伴。一醉幾纏頭，過揚州、珠簾盡卷。而今老矣，花似霧中看。歡喜淺，天涯遠，信馬歸來晚。

虞美人

晁端禮

木蘭舟穩桃花浪，重到清溪上。劉郎惆悵武陵迷，無限落英飛絮、水東西。

玉觴瀲灧誰相送？一覺揚州夢。不知何物最多情，惟有南山不改、舊時青。

晁端禮（一〇四六—一一一三）

字次膺，其先澶州清豐（今屬河南）人，後徙居彭門（今江蘇徐州）。熙寧六年進士。兩爲縣令，均有政績。曾長年流寓揚州。爲文清麗，詞近周邦彥。今存詞集《閑齋琴趣外篇》。

廣陵書社

望海潮

秦觀

星分牛斗，疆連淮海，揚州萬井提封。花發路香，鶯啼人起，珠簾十里東風。豪俊氣如虹，曳照春金紫，飛蓋相從。巷入垂楊，畫橋南北翠烟中。　追思故國繁雄。有迷樓挂斗，月觀橫空。紋錦製帆，明珠濺雨，守論爵馬魚龍。往事逐孤鴻，但亂雲流水，縈帶離宮。最好揮毫萬字，一飲拚千鍾。

元豐三年

淮海居士秦觀識

夢揚州

秦觀

晚雲收，正柳塘、烟雨初休。燕子未歸，惻惻輕寒如秋。小闌外、東風軟，透綉幃、花蜜香稠。江南遠，人何處，鷓鴣啼破春愁。　長記曾陪燕游。酬妙舞清歌，麗錦纏頭。殢酒爲花，十載因誰淹留？醉鞭拂面歸來晚，望翠樓、簾卷金鈎。佳會阻，離情正亂，頻夢揚州。

賀鑄（一〇五二—一一二五）

字方回，號慶湖遺老，衛州（今河南汲縣）人。曾任泗州、太平州通判等職，晚年定居蘇州。詩文皆工，尤擅詞。有《慶湖遺老集》、《賀方回詞》。

思越人

賀鑄

京口瓜洲記夢間，朱扉猶想映花關。東風太是無情思，不許扁舟興盡還。

春水漫，夕陽閑，烏檣幾轉綠楊灣。紅塵十里揚州過，更上迷樓一借山。

新念別

賀鑄

湖上蘭舟暮發，揚州夢斷燈明滅。想見瓊花開似雪。帽檐香，玉纖纖，曾爲折。

漁管吹還咽，問何意、煎人愁絕。江北江南新念別。掩芳尊，與誰同，今夜月？

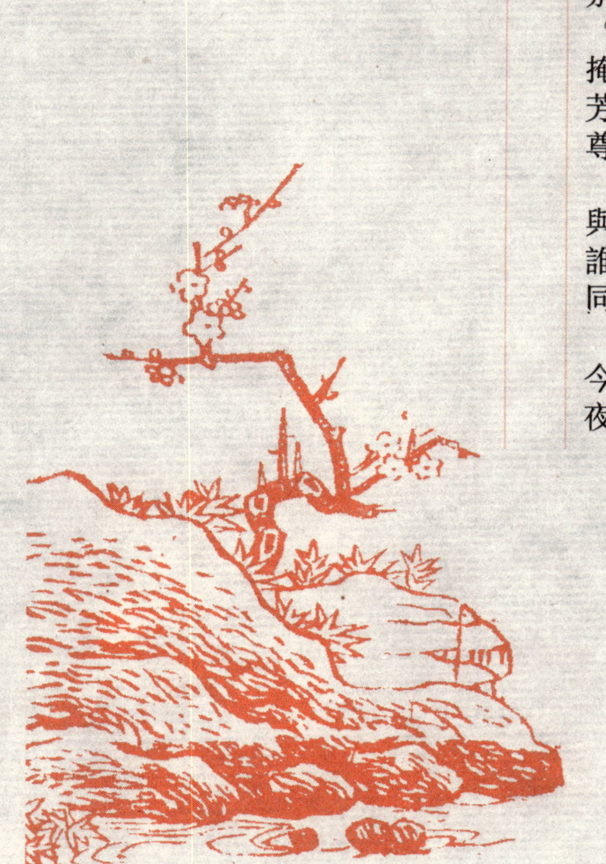

望海潮（揚州芍藥會作）

晁補之

人間花老，天涯春去，揚州別是風光。紅藥萬株，佳名千種，天然浩態狂香。尊貴御衣黄，未便教西洛，獨占花王。困倚東風，漢宫誰敢鬥新妝？ 年年高會維陽。看家誇絶艷，人詫奇芳。結蕊當屏，聯葩就幄，紅遮緑繞華堂。花面映交相，更秉菅觀洧，幽意難忘。罷酒風亭，夢魂驚恐在仙鄉。

晁補之（一〇五三—一一一〇）字無咎，晚年自號歸來子，濟州鉅野（今屬山東）人。元豐二年進士。曾任禮部郎中等職。元祐中曾爲官揚州。善爲文，亦工詩詞書畫。爲『蘇門四學士』之一。有《鷄肋集》等。

玉樓春（惆悵）

周邦彥

玉琴虚下傷心泪，衹有文君知曲意。簾烘樓迥月宜人，酒暖香融春有味。 萋萋芳草迷千里，惆悵王孫行未已。天涯回首一銷魂，二十四橋歌舞地。

周邦彥（一〇五七—一一二一）字美成，號清真居士，錢塘（今浙江杭州）人。精通音律，能自度曲。工詞，是北宋末婉約派的重要詞人。今存《片玉集》。

竹馬兒

葉夢得

與君記，平山堂前細柳，幾回同挽。又征帆夜落，危檻依舊，遙臨雲岫。自笑來往匆匆，朱顏漸改，故人俱遠。橫笛想遺聲，但寒松千丈，傾崖蒼蘚。 世事終何已，田陰縱在，歲陰仍晚。嵇康老來尤懶，衹要蒓羹菰飯。却欲便買茅廬，短篷輕楫，尊酒猶能辦。君能過我，水雲聊爲伴。

葉夢得（一〇七七—一一四八）字少蘊，號石林居士，吳縣（今江蘇蘇州）人。紹聖四年進士，累官翰林學士。其文高雅，有北宋遺風。亦工詞。有《建康集》、《石林詞》、《石林詩話》等。

朝中措（維揚感懷）

曾覿

雕車南陌碾香塵，一夢尚如新。回首舊游何在，柳烟花霧迷春。 如今霜鬢，愁停短棹，懶傍清尊。二十四橋風月，尋思衹有消魂。

曾覿（一一〇九—一一八〇）字純甫，號海野老農，汴（今河南開封）人。以父任補官。曾任開府儀同三司，權震中外。富才華，工詞。有《海野詞》。

水調歌頭（舟次揚州和人韵）

辛弃疾

落日塞塵起，胡騎獵清秋。漢家組練十萬，列艦聳高樓。誰道投鞭飛渡，憶昔鳴髇血污，風雨佛狸愁。季子正年少，匹馬黑貂裘。

今老矣，搔白首，過揚州。倦游欲去江上，手種桔千頭。二客東南名勝，萬卷詩書事業，嘗試與君謀。莫射南山虎，直覓富民侯。

辛弃疾（一一四〇—一二〇七）

字幼安，號稼軒居士，歷城（今山東濟南）人。南渡後，歷任湖北、江西等地安撫使等職，力主抗金。是南宋杰出的愛國詞人，其詞慷慨悲壯，是豪放派的代表，與蘇軾并稱『蘇辛』。有《稼軒長短句》。

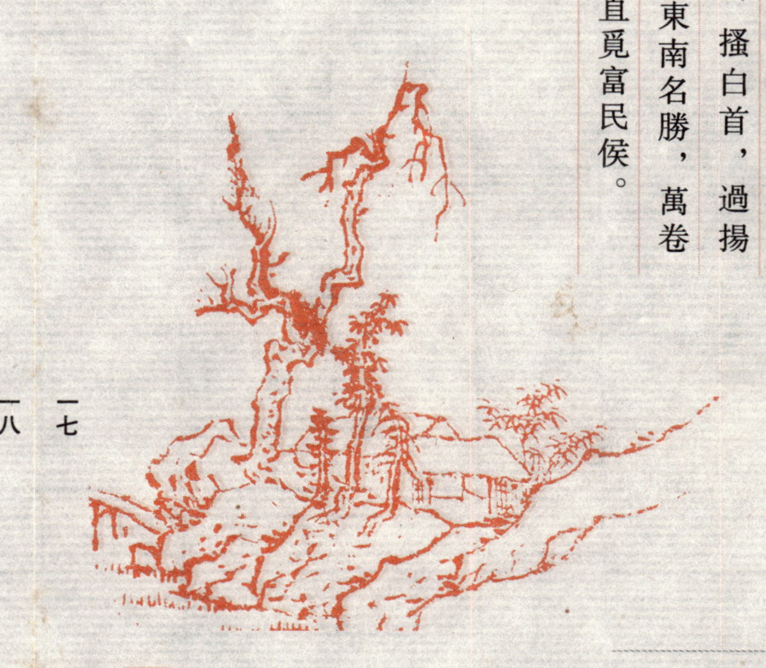

思佳客

呂渭老

竹西從人去數年矣，今得歸，偶以此煩全美達之。

曾醉揚州十里樓，竹西歌吹至今愁。燕銜柳絮春心遠，魚入晴江水自流。

情渺渺，夢悠悠，重尋羅帶認銀鈎。挂帆欲伴漁人去，衹恐桃花誤客舟。

呂渭老

生卒年不詳。一作濱老，字聖求，嘉興（今屬浙江）人。宣、靖間朝士。以詩名，亦擅詞。有《聖求詞》。

揚州慢

姜夔

淳熙丙申至日，予過維揚。夜雪初霽，薺麥彌望。入其城，則四顧蕭條，寒水自碧，暮色漸起，戍角悲吟。予懷愴然，感慨今昔，因自度此曲。千巖老人以爲有《黍離》之悲也。

淮左名都，竹西佳處，解鞍少駐初程。過春風十里，盡薺麥青青。自胡馬窺江去後，廢池喬木，猶厭言兵。漸黄昏、清角吹寒，都在空城。

杜郎俊賞，算而今、重到須驚。縱豆蔻詞工，青樓夢好，難賦深情。二十四橋仍在，波心蕩、冷月無聲。念橋邊紅藥，年年知爲誰生。

姜夔（約一一五五—一二〇九）

字堯章，號白石道人，鄱陽（今江西波陽）人。是南宋婉約派的著名詞人，精通音律，能自度曲。其《揚州慢》爲千古名篇，自此揚州又有「淮左名都」之譽。有《白石詩集》、《白石道人歌曲》等。

琵琶仙

姜夔

《吴都賦》云：『户藏烟浦，家具畫船。』惟吴興爲然，春游之盛，西湖未能過也。己酉歲，予與蕭時父載酒南郭，感遇成歌。

雙槳來時，有人似、舊曲桃根桃葉。歌扇輕約飛花，蛾眉正奇絶。春漸遠、汀洲自緑，更添了、幾聲啼鴂。十里揚州，三生杜牧，前事休説。

又還是、宫燭分烟，奈愁裏、匆匆换時節。都把一襟芳思，與空階榆莢。千萬縷、藏鴉細柳，爲玉尊、起舞回雪。想見西出陽關，故人初别。

金人捧露盤（送范東叔給事帥維揚）

高似孫

下明光，違宣曲，上揚州。玉帳暖、十萬貔貅。梅花照雪，月隨歌吹到江頭。牙檣錦纜，聽雁聲、夜宿瓜洲。

南山客，東山妓，蒲萄酒，鸕鷀裘。占何遜、杜牧風流。瓊花紅藥，做珠簾、十里遨頭。竹西歌吹，理新曲、人在春樓。

高似孫

生卒年不詳。字續古，號疏寮，餘姚（今屬浙江）人。淳熙十一年進士，歷官校書郎、會稽主簿、知處州，後退居姚江。有《疏寮小集》。

沁園春（維揚作）

劉克莊

遼鶴重來，不見繁華，衹見凋殘。甚都無人誦，何郎詩句，也無人報，書記平安。閭里俱非，江山略是，縱有高樓莫倚欄。沈吟處，但螢飛草際，雁起蘆間。

不辭露宿風餐，怕萬里、歸來雙鬢斑。算這邊贏得，黑貂裘敝，那邊輸了，翡翠衾寒。檄草流傳，吟箋倚閣，開到瓊花亦懶看。君記取，向中州差樂，塞地無歡。

劉克莊（一一八七—一二六九）

字潛夫，號後村，莆田（今屬福建）人。淳祐六年賜同進士出身，歷秘書少監、權工部尚書，以龍圖閣學士致仕。詩詞俱工。其詞繼承了辛弃疾、陸游的愛國主義傳統。有《後村長短句》等。

賀新郎（客贈芍藥）

劉克莊

一夢揚州事，畫堂深、金瓶萬朵，元戎高會。座上祥雲層層起，不減洛中姚魏。嘆別後、關山迢遞。國色天香何處在？想東風、猶憶狂書記。驚歲月，一彈指。

數枝清曉煩馳騎，向小窗、依稀重見，蕪城妖麗。料得花憐儂消瘦，儂亦憐花憔悴。漫悵望、竹西歌吹。老矣應無騎鶴日，但春衫、點點當時泪。那更有，舊情味！

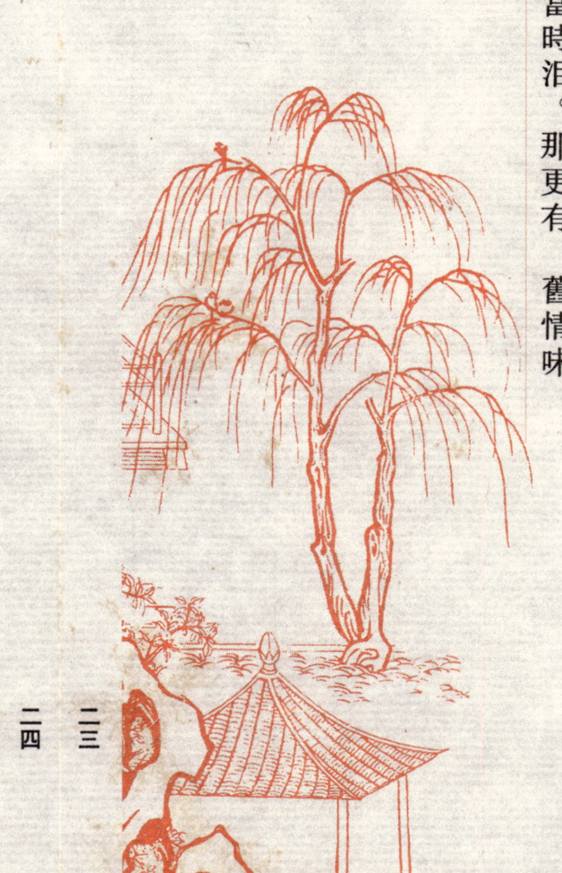

揚州慢

趙以夫

瓊花唯揚州后土殿前一本，比聚八仙大率相類，而不同者有三：瓊花大而瓣厚，其色淡黃，聚八仙花小而瓣薄，其色微青，不同者一也；瓊花葉柔而瑩澤，聚八仙葉粗而有芒，不同者二也；瓊花蕊與花平，不結子而香，聚八仙蕊低於花，結子而不香，不同者三也。友人折贈數枝，云移根自鄱陽之洪氏。賦而感之，其調曰《揚州慢》。

十里春風，二分明月，蕊仙飛下瓊樓。看冰花剪剪，擁碎玉成球。想長日、雲階佇立，太真肌骨，飛燕風流。斂群芳、清麗精神，都付揚州。

雨窗數朵，夢驚回、天際香浮。似閬苑花神，憐人冷落，騎鶴來游。爲問竹西風景，長空淡、烟水悠悠。又黃昏羌管，孤城吹起新愁。

趙以夫（一一八九—一二五六）字用甫，號虛齋，長樂（今屬福建）人。嘉定十年進士。歷任漳州知州、資政殿學士、吏部尚書等職。曾奉詔與劉克莊同修國史。工詩詞。有《虛齋樂府》。

八聲甘州

李好古

古揚州、壯麗壓長淮，形勝絶東南。問竹西歌吹，蜀岡何許？楊柳鬖鬖，行樂誰家年少，兩兩更三三。知我江南客，走馬來看。

過却長亭烟樹，雲山點點，烟浪漫漫。料桐花飛盡，夜合繞闌干。倦綉閑庭晝永，望天涯、芳草憶征鞍。平安使，吴箋謾遣，欲寄愁難。

李好古 字仲敏，下邽（今陝西渭南）人。生平不詳。南宋詞人，其詞多慷慨之作。有《碎錦詞》。

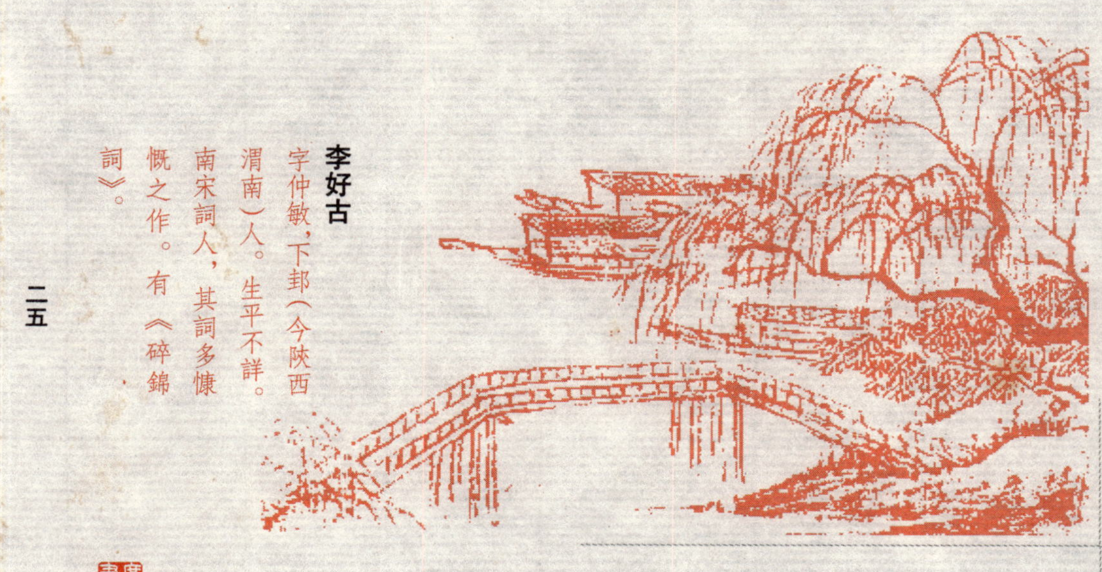

風流子（和楚客維揚燈夕）

方岳

小樓簾不卷，花正鬧、燈火競春宵。想舊日何郎，飛金叵羅，三生杜牧，醉董嬌饒。香塵路，雲鬆鸞髻鬌，月襯馬蹄驕。仿佛神仙，劉安鷄犬，分明富貴，子晉笙簫。

人生行樂耳，君不見、迷樓春緑迢迢。二十四、經行處，舊月今橋。但索笑梅花，酒消新雪，縱情詩草，筆卷春潮。俯仰人間陳迹，莫惜金貂。

風流子

吴文英

温柔酣紫曲，揚州路、夢繞翠盤龍。似日長傍枕，墮妝偏髻，露濃如酒，微醉欹紅。自別楚嬌天正遠，傾國見吴宫。銀燭夜闌，暗聞香澤，翠陰秋寂，重返春風。　芳期嗟輕誤，花君去、腸斷妾若爲容。惆悵舞衣疊損，露綺千重。料綉窗曲理，紅牙拍碎，禁階敲遍，白玉盂空。猶記弄花相謔，十二闌東。

吴文英（約一二〇〇—約一二六〇）

字君特，號夢窗，四明（今浙江寧波）人。除短期任職蘇州倉臺、紹興府幕僚外，平生未涉官場，以布衣出入王侯將相之門。精通音律，其詞音律和諧，字句工麗。有《夢窗詞》。

念奴嬌

白樸

江湖落魄，鬢成絲、遥憶揚州風物。十里樓臺，簾半卷、玉女香車鈿壁。后土祠寒，唐昌花盡，誰弄瓊枝雪？山川良是，古來銷盡雄杰。　落日烟水茫茫，孤城殘角，怨入青笳發。岸艤扁舟人不寐，柳外漁燈明滅。半夜潮來，一帆風送，凛凛森毛髮。乘流東下，玉簫吹落殘月。

白樸（一二二六—約一三〇六）

初名恒，字仁甫，後改名樸，字太素，號蘭谷，祖籍陝州（今山西河曲）。博洽多聞，尤工詞曲，與關漢卿、馬致遠、鄭光祖合稱「元曲四大家」。所作雜劇有《秋夜梧桐雨》、《墻頭馬上》等十五種。詞有《天籟集》。

木蘭花慢（燈夕到維揚）

白樸

壯東南形勝，淮吐浪、海吞潮。記此日江都，錦帆巡幸，汴水迢遥。迷樓故應不見，見瓊花，底事也香消。興廢幾更王霸，是非總付漁樵。

誰能十萬更纏腰？鶴馭盡飄飄。正綉陌珠簾，紅燈鬧影，三五良宵。春風竹西亭上，拌淋漓，一醉解金貂。二十四橋明月，玉人何處吹簫？

虞美人（揚州賣鏡上元事也用前韵）

劉辰翁

徐家破鏡昏如霧，半面人間露。等閑相約是看燈，誰料人間天上、似流星。

朱門簾影深深雨，憔悴新人舞。天涯海角賞新晴，惟有橋邊賣鏡、是閑行。

劉辰翁（一二三二—一二九七）字會孟，號須溪，廬陵（今江西吉安）人。南宋末年著名愛國詞人，詩詞抒發了故國之思和亡國之痛，藝術上也有較高成就。有《須溪集》等。

踏莎行（與莫兩山談邗城舊事）

周密

遠草情鍾，孤花韵勝。一樓聳翠生秋暝。十年二十四橋春，轉頭明月簫聲冷。

賦藥才高，題瓊語俊。蒸香壓酒芙蓉頂。景留人去怕思量，桂窗風露秋眠醒。

周密（一二三二—一二九八）字公瑾，號草窗、四水潛夫，濟南（今屬山東）人。曾任義烏令，入元不仕。爲南宋重要詞人，其詞格律謹嚴，與吳文英（夢窗）并稱『二窗』。亦工書畫。有《草窗詞》、《武林舊事》等，并編有《絶妙好詞》。

八聲甘州（傷春）

何夢桂

倚闌干立盡，看東風、吹度柳綿飛。怕杜鵑啼殺，江南雁杳，游子何之。夢斷揚州芍藥，落盡簇紅絲。歌吹今何在？一曲沾衣。

往事不堪重省，記柳邊深巷，花外幽扉。把菱花獨照，脂粉總慵施。悵春歸、留春未住，奈春歸、不管玉顔衰。傷心事，都將分付，榆砌苔磯。

何夢桂 生卒年不詳。字岩叟，別號潛齋，淳安（今屬浙江）人。咸淳元年中一甲第三名，授台州軍事判官，歷官至大理寺卿。後引疾歸，終於家。工詩。有《潛齋集》。

張可久

（約一二八〇—約一三四八）

字伯遠，號小山，慶元（今浙江寧波）人。時官時隱，足迹遍及江、浙、皖、閩、湘、贛等地。工詞曲，以散曲名聲最著，爲『清麗派』代表作家。有《北曲聯樂府》。

木蘭花慢（維揚懷古）

張可久

笑多情明月，又隨我、上揚州。愛十里珠簾，千鍾美酒，百尺危樓。風流。聒天笳鼓，記茱萸、漫下菊花酒。淮水東來渺渺，夕陽西去悠悠。

巡游。當日錦帆收，翠柳纜龍舟。但老樹寒蟬，荒祠野鼠，古渡閑鷗。嬌羞。美人如玉，算吹簫、座客不勝愁。未可腰錢鶴背，且將十萬纏頭。

水調歌頭（題贈）

吳偉業

三月鶯花盛，十里小紅樓。輕裘肥馬年少，錦帶佩吳鈎。人道季心兄弟，還是翁舊伯仲，談笑擅風流。下馬飲君酒，消盡古今愁。

燒銀燭，張筵宴，繫蘭舟。主人開閣招我，別墅好淹留。家有風亭水樹，伎奏玉絲金管，妙舞擘箜篌。二十四橋夜，明月滿揚州。

一剪梅（送故人子重游廣陵）

李漁

君昔曾爲跨鶴游，錢聚揚州，又散揚州。此番再過玉人樓，喚汝回頭，切勿回頭。

隋家天子擅風流，名得千秋，實喪千秋。匹夫錦纜繫邗溝，況是扁舟，不是龍舟。

李漁（一六一〇—一六八〇）

字笠鴻、謫凡，號笠翁，蘭溪（今屬浙江）人。明末清初戲曲作家。家設戲班，常往各地獻藝演出，積累了豐富的戲曲實踐經驗。有《閑情偶寄》、《笠翁十種曲》等行世。

燭影搖紅（揚州己未正月十四夜）

曹溶

江右名霄，六街化作流蘇結。讓他燈影乍分明，最愛朦朧月。攪動閑愁不息，偏相逢、鬧花驚蝶。裁紈扇小，塗粉車輕，陳隋時節。

冷落紅橋，頓看簫管吹教熱。肯嫌芳藥未開園，火樹層層葉。今夜何人報帖，記三生、杜郎曾説。曲殘簾下，酒醒樓頭，春愁尚怯。

曹溶（一六一三—一六八五）

字潔躬，號秋岳，一號倦圃，別號金陀老圃，秀水（今浙江嘉興）人。明崇禎十年進士，官御史，入清任原官，累遷廣東布政使。工詩，與龔鼎孳齊名。有《靜惕堂集》。

念奴嬌

丙午小春，善伯希韓招諸同人宴集紅橋之韓園分韵

宋琬

玉鈎斜畔，最傷心游子，斷腸難續。佳麗繁華誰領略，惟有清狂杜牧。我輩重來，爲歡苦短，急辦三條燭。天寒木落，佳人同倚修竹。　況乃詞客都豪，雍容車騎，落筆雲烟簇。樂莫樂兮今夕會，莫學阮公痴哭。緑酒黄橙，銀箏翠袖，偷送初成目。朦朧别後，知他何處金屋。

西江月（賀陳郎新婚）

龔鼎孳

十里春風人面，二分明月揚州。玉簫吹徹小紅樓，拭汗粉中香透。　錦瑟華年相倚，青驄油壁同游。芙蓉初日照樓頭，蓮子從今得藕。

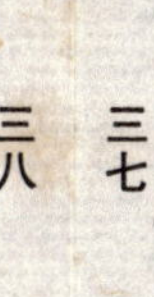

尤侗（一六一八—一七〇四）

字同人，長洲（今江蘇蘇州）人。明諸生。清康熙十八年舉博學鴻詞，授翰林院檢討，與修《明史》。才氣橫溢，詩、詞、文、曲無所不工。著有《西堂全集》等。

夢揚州（客廣陵用少游韵）

尤侗

晚潮收，嘆隋宮、花月都休。寒雨蕪城，綠楊三月如秋。市門十里黃埃滿，但往來車馬星稠。紅橋畔，青樓底，誰人勾當春愁？ 追想樊川狎游，報書記平安，廿四橋頭。笑我多情鬢絲，禪榻空留。紗燈萬點歸何處，枉斷腸，錦瑟簾鈎。平白地、揚州夢醒，惱亂蘇州。

探春令（次上若《紅橋春泛》）

吳綺

年年芳草似裙腰，見興亡無數。倩垂楊，留得黃鶯住，正歌吹，揚州路。 蘭舟醉讀參軍賦，向蕪城東去。看雁齒橋邊，倚欄人在，莫認紅樓誤。

念奴嬌

陪諸公宴集城北園林，限屋韵，坐有魚校書

孫枝蔚

柳衰如此，笑忙人城市，終朝相逐。畫裏烟波誰作主，付與雙鳧孤鶩。選妓徵歌，尋花載酒，此是吾曹福。風流前輩，揚州休讓杜牧。　爲問螢苑鷄臺，繁華幾處，但見青山秃。多少興亡看過了，且看湘裙六幅。年少飛揚，輕衫匹馬，曾射林中鹿。老來腸斷，如花人倚修竹。

念奴嬌（懷揚州王阮亭司理）

宗元鼎

鎮淮門外，小秦淮十里，亭臺花竹。官閣寒梅猶映着，流水人烟板屋。蓊鬱清幽，翳然林樹，城郭揚州緑。紅橋碑記，家家愛搨千幅。　猶記飲澗垂虹，靚妝明鏡，凝照人如玉。西望雷塘何處是，十五丫鬟唱熟。永叔平山，子瞻禪智，此後游難續。惟公雅趣，酒闌援筆岡麓。

揚州慢（平山堂落成賦此）

金鎮

碑洗莓苔，僧移鐘磬，巍堂重創巖椒。與醉翁坡老，千載締神交。最喜是，纔捐鶴俸，競勸鳩工，便插丹霄。把廬陵、重付揚人，俎豆休祧。　徽流餘韵，夙平生、仰止山高。愛花種無雙，泉名第五，共門清標。朱栱碧欄之外，雙峰隱，對峙金焦。望環滁不遠，往來風旆雲軺。

金鎮（一六二二—一六八五）

字又鑣，號長真，山陰（今浙江紹興）人，宛平（今屬北京）籍。明崇禎十五年舉人。入清，官至江南按察使。擔任揚州知府期間，曾修葺平山堂，并重修《府志》四十卷。工詩，有《清美堂詩集》。

六州歌頭（邗溝懷古）

陳維崧

江東愁客，隋苑暗經行。鶯語滑，游絲細，夾衣輕，正清明。追憶當年此際，樓臺外，鞦韆畔，棠梨樹，垂楊渚，玉簫聲。　一自風烟滿目，傷心煞、水綠山青。看江都雖好，舊迹已飄零，憔悴蘭成，意難平。念寄奴去，黄奴老，今古事，可憐生。回頭望、隔江是，石頭城，草縱横。樓船南下日，君王醉，未曾醒！官車出，晚鴉鳴，使人驚。唯有一江春水，依稀似、舊日盈盈。想參軍鮑照，欲賦不勝情，此恨曾經。

王士禄

（一六二六—一六七三）

字子底，號西樵，新城（今山東桓臺）人。順治十二年進士，官萊州府教授、吏部考功員外郎。工詩，與弟士祜、士禛齊名，并稱『三王』。

八聲甘州（揚州作）

王士禄

醉餘惆悵絶是從來，佳麗説揚州。看隋家天子，江都夢好，離别無愁。更有平安夜報，書記最風流。總此花和月，好任淹留。

舊迹如塵難覓，空垂楊鴉暮，腐草螢流。望玉勾斜畔，落月淰荒丘。更何來、玉人簫管，喚二分、明月向珠樓。好憐取，紅橋烟艇，試泛清秋。

望遠行（蜀岡眺望懷古和阮亭韵）

鄒祗謨

今年纔過清明節，又見春風催暮。酒旗籬落，畫舫笙歌，都傍銷魂堤樹。金刹斜陽，透得紅霞一抹，望中緑莎如許。送韶華，歲歲江南烟雨。

相語，屈指興亡多少，衹柳影鶯聲無數。殿脚三千，橋頭十五，斷却隋皇歸處。惟有醉翁幾闋，髯公三過，妝點平山詞賦。看騎鶴人來，吹簫人去。

鄒祗謨

（？—一六七〇）

字訏士，號程村，武進（今屬江蘇）人。順治十五年進士。其古文辭與陳維崧、董以寧、黄永并稱『毗陵四子』。經常往來於武進與揚州之間，留下不少歌咏揚州的詩詞作品。著有《遠志齋集》及《麗農詞》。

畫屏秋色（蕪城秋感）

彭孫遹

野照蕪城夕。送遠目、雲水蒼茫不極。瓊蕊音遥，青樓夢杳，玉鈎人寂。何處認隋宫？見衰草寒烟堆積。攢一片、傷心碧。聽柳外哀蟬，風高響殢。如訴興亡舊恨，聲聲無力。　今昔。可勝凄惻？莫重問、錦帆消息。竹西歌吹，淮南笙鶴，盡成陳迹。轉眼又西風，辭巢越燕還如客，落葉千重蕭槭。萬事總銷沈，惟有清江皓月，曾照昔人顔色。

浣溪沙（紅橋懷古）

王士禛

北郭清溪一帶流，紅橋風物眼中秋，緑楊城郭是揚州。　西望雷塘何處是，香魂零落使人愁，淡烟芳草舊迷樓。

白鳥朱荷引畫橈，垂楊影裏見紅橋，欲尋往事已魂消。　遥指平山山外路，斷鴻無數水迢迢，新愁分付廣陵潮。

緑樹横塘第幾家，曲闌干外卓金車，渠儂獨浣越溪紗。　浦口雨來虹斷續，橋邊人醉月横斜，棹歌聲裏采菱花。

費軒

生卒年不詳，約乾隆年間在世。字執御，原籍四川，曾祖時徙居江都（今揚州）。舉人。工詩詞，有《夢香詞》一百一十八首。

夢香詞（調寄望江南）（選十）

費軒

廣陵佳麗，偶成流寓之鄉；江左飄零，偏值銷魂之地。賢者乃能識大，小人終是見卑。既無山川民物之懷，豈乏月露風雲之趣？然而胸無掌故，耳食俱多，聽豈言鯖笑牒而已。偶爲牽合，奚假儷紫妃青；乍可想憐，便付零烟寸楮。客終是客，真同夢中囈囈之吟；花已非花，尚作香外徘徊之句。

揚州好，第一是虹橋。楊柳綠齊三尺雨，櫻桃紅破一聲簫。處處繫蘭橈。

揚州好，評話晚開場。略説從前增感慨，未知去後費思量。野史記興亡。

揚州好，歌舞幾時休？贈客離愁金帶粉，膩人香夢桂花油。直合死揚州。

揚州好，湖上盡逍遥。千處園林千處景，一株楊柳一株桃。豈但是春宵。

揚州好，暖閣貯名姝。薄襯掩襟紅袙服，微薰籠袖錦烘爐。一幅美人圖。

揚州好，博古有兒曹。炸白香爐過漢鼎，霽紅瓷片等紫窑。賞鑒最稱高。

揚州好，靡麗富鶯花。十里垂楊臨水次，一分明月讓天涯。腸斷欲栖鴉。

揚州好，畫舫是飛仙。十扇紗窗和月淡，兩枝柔櫓撥波圓。人在水雲天。

揚州好，佳句記還無。名士總勝三斗酒，貧家都有五車書。領袖是鴻儒。

揚州好，城郭與江鄉。到處園林開箭道，幾多義學傍琴堂。藝苑任翱翔。

揚州慢（廣陵芍藥）

厲鶚

疏雨催妍，稚寒凝態，天涯相見魂銷。問春歸幾日，未盡減春韶。算亭北、新妝老去，不多風露，暗展輕綃。送杯中、婪尾香心，欲話無聊。　鴉黃初試，記當年、曾識烟苗。奈月幌低籠，雲階斜倚，夢到迢迢。除却謝郎俊句，無人與、淺暈深描。想難禁携贈，離情都在紅橋。

厲鶚

（一六九二—一七五二）

字太鴻，號樊榭，別署南湖花隱、西溪漁者，錢塘（今浙江杭州）人。康熙五十九年舉人，畢生以設館授徒爲業。乾隆時，曾館揚州馬氏小玲瓏山館多年，遍覽藏書。工詩善詞，爲朱彝尊之後，浙西詞派的領袖人物。有《樊榭山房全集》。

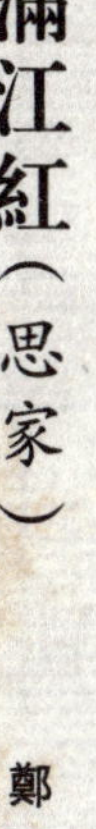

滿江紅（思家）

鄭燮

我夢揚州，便想到、揚州夢我。第一是、隋堤綠柳，不堪烟鎖。潮打三更瓜步月，雨荒十里紅橋火。更紅鮮、冷淡不成圓，櫻桃顆。　何日向、江村躲，何日上、江樓卧。有詩人某某，酒人個個。花徑不無新點綴，沙鷗頗有閑功課。將白頭、供作折腰人，將毋左。

滿江紅（乙巳暮春重過揚州作）

吴錫麒

十載樊川，重問到、揚州風月。有多少、舊家燕子，可憐離別。小海唱來三月暮，大江東去千秋咽。剩紛紛、飛雪滿蕪城，楊花熱。　愁未了，歌桃葉。夢未醒，尋蝴蝶。嘆繁華自古，供人一瞥。仙鶴零丁游子在，《竹枝》縹緲餘聲歇。待鬢絲、禪榻話前因、茶烟活。

吴錫麒（一七四六—一八一八）字聖徵，號谷人，錢塘（今浙江杭州）人。乾隆四十年進士，官終國子祭酒。嘉慶初，以親老乞養歸里，後主講揚州安定、樂儀書院。工詩詞，擅駢文，是繼朱彝尊、查慎行、厲鶚之後的浙派後期大家。

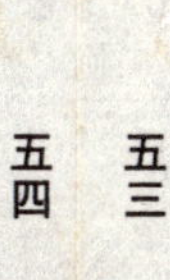

望江南十調（選四）

方桂

《題畫舫録》并序

時當春暮，客寄淮東。頗同吴市吹簫，堪擬齊門鼓瑟。判二分之明月，幸未依人；假兩袖之清風，耻爭投刺。吟笻畫舫，厠身於酒旗歌板之間；剩水殘山，探勝于碧柳紅橋之畔。愧無綺語，點染名區；用製蕪詞，潦草塞責。

揚州好，舊夢幾經年。夾岸笙歌紅藥院，半篷詩酒綠楊船。來值暮春天。

揚州好，池館昔繁華。烟雨迷樓巢燕子，春風隋苑種桃花。魂斷玉鈎斜。

揚州好，古玩甲邗江。天寶瓊花稱第一，廬陵亭子號無雙。詞客守名邦。

揚州好，夜月泛紅橋。蘭麝衣香飄綠綺，珍珠簾影映紅潮。何處玉人簫？

方桂　生卒年不詳，約乾隆、嘉慶間在世。字藥堂，桐城（今安徽）人。曾客游揚州。

鮑照（約四一四—四六六）

字明遠，南朝宋文學家。東海（今江蘇連雲港）人。曾官秣陵令、中書舍人、臨海王劉子頊參軍，著有《鮑參軍集》。《蕪城賦》久爲世人傳誦，揚州『蕪城』之名由此而來。

蕪城賦

鮑照

沵迤平原，南馳蒼梧漲海，北走紫塞雁門。柂以漕渠，軸以昆崗。重江複關之隩，四會五達之莊。

當昔全盛之時，車挂轊，人駕肩，廛閈撲地，歌吹沸天。孳貨鹽田，鏟利銅山。才力雄富，士馬精妍。故能侈秦法，佚周令，劃崇墉，刳濬洫，圖修世以休命。是以板築雉堞之殷，井幹烽櫓之勤，格高五嶽，袤廣三墳，崪若斷岸，矗似長雲，製磁石以禦衝，糊頳壤以飛文。觀基扃之固護，將萬祀而一君。出入三代，五百餘載，竟瓜剖而豆分。

澤葵依井，荒葛罥塗。壇羅虺蜮，階鬥麏鼯。木魅山鬼，野鼠城狐。風嗥雨嘯，昏見晨趨。饑鷹厲吻，寒鴟嚇雛。伏虣藏虎，乳血飧膚。崩榛塞路，崢嶸古馗。白楊早落，塞草前衰。稜稜霜氣，蔌蔌風威。孤蓬自振，驚沙坐飛。灌莽杳而無際，叢薄紛其相依。通池既已夷，峻隅又已頹。直視千里外，唯見起黃埃。凝思寂聽，心傷已摧。若夫藻扃黼帳，歌堂舞閣之基；璇淵碧樹，弋林釣渚之館；吳蔡齊秦之聲，魚龍爵馬之玩。皆薰歇燼滅，光沉響絕。東都妙姬，南國麗人，蕙心紈質，玉貌絳唇，莫不埋魂幽石，委骨窮塵，豈憶同輦之愉樂，離宮之苦辛哉？

天道如何，吞恨者多，抽琴命操，爲《蕪城之歌》。歌曰：『邊風起兮城上寒，井徑滅兮丘隴殘。千齡兮萬代，共盡兮何言！』

紅橋游記

王士禛

出鎮淮門，循小秦淮，折而北，陂岸起伏多態，竹木蓊鬱，清流映帶。人家多因水爲園，亭榭溪塘，幽窈而明瑟，頗盡四時之美。拏小艇，循河西北行，林木盡處，有橋宛然，如垂虹下飲於澗，又如麗人靚妝袨服流照明鏡中，所謂紅橋也。游人登平山堂，率至法海寺捨舟而陸，徑必出紅橋。下橋四面皆人家荷塘，六七月間，菡萏作，花香聞數里，青簾白舫，絡繹如織，良謂勝游矣。予數往來北郭，必過紅橋，顧而樂之。登橋四望，忽復徘徊感嘆，當哀樂之交乘於中，往往不能自喻其故。王、謝冶城之語，景、晏牛山之悲，今之視昔，亦有然耶！壬寅季夏之望，與籜庵、茶村、伯璣諸子倚歌而和之。籜庵繼成一章，予亦屬和。嗟乎！絲竹陶寫，何必中年；山水清音，自成佳話。予與諸子聚散不恒，良會未易遘，而紅橋之名，或反因諸子而得傳於後世，增懷古憑吊者之徘徊感嘆。如予今日未可知也。

瓊花觀看月序

孔尚任

游廣陵者，莫不搜訪名勝，以侈歸口。然雅俗不同致矣，雅人必登平山堂，而俗客必問瓊花觀。瓊花既已不存，又無江山之可眺，久之，俗客亦不至，寂寂亭臺，將成廢土。

丁卯冬，余偶一游之，嘆其處鬧境而不喧，近市塵而常潔，乃招集名士七十餘人，探瓊花之遺址。流連久立，明月浮空，恍見淡妝素影，綽約冰壺之內。於是列坐廣庭，飲酒賦詩，間以笙歌，夜深景闃，感慨及之。夫前人之興會，積而成今日之感慨，今日之感慨，又積而開後賢之興會。一興一感，若循環然，雖千百世可知也。而况花之榮枯不常，月之陰晴未定。旦暮之間，興感每殊。計生平之可興可感者，蓋已不能紀極矣。今日之集，幸而傳也，不過在不能紀極中，多一興感之變迹，其不傳也，并興與感亦無之。而所謂瓊花與明月，固千古處興感以外耳。

沈德潜

（一六七三—一七六九）

字確士，號歸愚，江南長洲（今江蘇蘇州）人，清代前期著名詩人，乾隆時官至内閣學士兼禮部侍郎。編有《古詩源》等。

宜莊記

沈德潜

揚郡城東南十餘里有宜莊，澹園黄子游息地也。舊址十餘畝，中有土阜，方廣而平，古桂百餘枝，連卷蚴蟉，爲三百年物。主人得而有之，地闢數倍，去大江三里許，與焦山相望。江勢繞郡而東，東去轉近江也。通江流爲池，潮汐日兩至，左右瀠洄，縠如鏡如；累石爲山，岡嶺回互，陂陀升陟，朗出高際。其中敞以凉堂，邃以密室，眺望者樓，休息者齋，繚曲者廊榭，爽塏者亭臺，與夫虹橋平碕村柴蹊洴之屬，因其地而成之。山則雜植珍木，疏密林列，殊方奇花，莫可名狀；池則水草交映，游魚潛泳，波紋微興，雲天倒影。江以北之名境具於此也。命曰『宜莊』，宜乎時，宜乎地，宜乎人。時而衆木花坼，岸鋪島織，攀桃藝藥，步蹊灌圃，於春月宜。菡萏翻風，篔簹嘯雨，千柄萬竿，納凉却暑，於夏月宜。宜於秋者，小山叢香，王孫淹駕，拒霜散綺，仿像錦城。宜於冬者，玉樹成幄，望中虛白，寒汀浴鶴，聲清警露，此嘉客所標額顔榜，以紀勝概者也。且素琴静張，爐烟氤氲，宜於獨坐林泉布

席；同心觴咏，宜於邀客眺木末之風帆。玩潭心之素月，晝夜皆宜；登層邱而望雲物，步阡街而觀稼穡，高下皆宜。至於蒼烟晴翠，度江而來，攬諸襟帶，輕舟緩進，鳧鷗散亂，馴擾回翔，此又合遠近物我而咸宜者。抑主人之意，或又不止乎此。名在仕版，不湛石隱；興寄林園，不重榮禄。才裕而迹晦，外朗而内和，體寧而心恬，浩浩乎，寥寥乎，有暢其天倪，而不拘其轍者意，殆忘乎宜，而無乎不宜者耶？主人笑不答，因書其辭於壁。

汪中（一七四五—一七九四）

字容甫，江蘇江都人。清代揚州學派代表人物之一。於經學、史學、諸子學、金石學等均有精深研究，文學成就亦高，尤擅長散文。有《述學》、《廣陵通典》等著作行世。《廣陵對》視野開闊，對揚州歷史駕輕就熟，褒揚忠義，"辭富而事核"，是歷史散文的名篇。

廣陵對

汪中

乾隆五十二年正月，中謁大興朱侍郎於錢塘。侍郎謂中曰：『余先世籍蕭山，本會稽地。今適奉使於此。嘗覽朱育對濮陽興語，喜其該洽，度後之人不能也。吾子咨於故實，而多識前言往行，亦可以廣陵之事諗余乎？』

對曰：『中幼而失怙，未更父兄之訓，長游四方，又有昏瞀之疾，故書雅記，十不窺一，何足以酬明問？抑聞「不知而言不知，知而不言不忠。」二者，中之所不敢出也。昔者黃帝迎日推筴，分天以爲十有二次。南斗牽牛，是爲星紀，七政會焉，布算者於是乎托始，而後歲月日時，咸得其序。揚州之域，是其分野。自漢以來，或治歷陽，或治壽春，或治建業，而廣陵卒專其名，其占應之。昆侖之山，實維西極，河出其北，江出其南，自麗江至於高闕，其距八千里，萬折而東，夾廣陵以入於海，而邗溝貫之，江、河於是乎合焉。於辰爲維首，於水爲歸墟，故廣陵者，天地之所以成始而成終也。竊嘗求之人事，稽其善敗之迹，比於矇誦，其庶幾乎？夫秦滅六國，楚最無罪。當陳王首事而死，楚地之衆未有所屬。其有矯命項氏，引兵渡江，以爭天下，遂戰鉅鹿，西屠咸陽，則召平首建大謀，以報秦仇也。漢室傾危，董卓干紀，百城拊心，莫敢先發。其有區區郡吏，無爵於朝，而義感邦君，結盟討罪，升壇慷慨，必死爲期，則臧洪説張超起兵，糾合牧守，以誅賊臣也。祖約、蘇峻稱兵犯闕，幼主幽厄，京師塗炭。其有固守孤壘，大誓三軍，力遏賊衝，以保東土，西師乘之，遂殄狂寇，則郗鑒董率義旅，犄角上游，以匡晉室也。桓玄負雄豪之名，籍累世之資，挾荆州之衆，乘晉道中衰，本末俱弱，易姓受命，人無异心。其有手梟逆徒，協謀京口，既克建康，偏師獨進，凶族盡夷，乘輿反正，祀晉配天，不失舊物，則劉毅舉州兵以平桓氏，光復大業也。侯景反噬，二宮在難，諸鎮不務徇君父之急，而日尋干戈，甚者望風請命，委身賊手。其有居圍城之中，無謀人軍師之責，而唱義勤王，有死無二，則祖皓、來嶷襲斬董紹先，馳檄討景，爲梁忠臣也。武氏淫虐，人倫道盡，臨朝稱制，唐祚將傾。其有控引江、淮，奉辭討賊，功雖不成，其所披泄，亦足伸大義於天下，則徐敬業舉兵匡復，殺身亡宗，以酬國恩也。且夫武氏之立，勣實贊之。敬業既心在王室，又以蓋前人之愆，忠孝存焉。』

侍郎曰：『敬業不直趨洛陽，而覬金陵王氣，固忠臣與？』

中曰：『兵者，凶器。當唐全盛之時，武氏積威所劫，海内莫不聽命。敬業舉烏合之衆，起而與之抗，故欲掃定江表，厚集其力，先爲不可勝，以待敵之可勝。發謀之始，義形於色。握兵日淺，未有不臣之迹，安可逆料其心而備責之哉？春秋賢反經，禮毋測未至。推斯義也，雖與日月争光可也。』

侍郎曰：『善！願卒聞之。』

曰：『藝祖擢自行間，典兵宿衛，受周厚恩。幸主少國疑，倒戈自立。其有前代懿親，不樂身事二姓，繕兵守境，城孤援絶，舉族殉之，則李重進以淮南拒命，握節而死，下見世宗也。宋氏積衰，元兵南伐，勢若摧枯，列郡土崩，不降則潰。其有孤城介立，血戰經年，洎行在失守，三宫北遷，而焚詔斬使，勇氣彌厲，忠盛於張巡，守堅於墨翟，則李庭芝乘城百戰，國亡與亡也。當明季世，流寇滔天，南都草創，奸人在朝，方鎮擅命，國勢殆哉不可爲矣。其有上匡暗主，下撫驕將，内攬羣策，外抗天兵，鞠躬盡力，死而後已，則史可法效命封疆，終爲社稷臣也。故以廣陵一城之地，天下無事，則鬻海爲鹽，使萬民食其業，上輸少府，以寬農畝之力。及川渠所轉，百貨通焉，利盡四海。一旦有變，進則翼戴天子，立桓、文之功；退則保據州土，力圖興復。不幸天長喪亂，知勇俱困，猶復與民守之，效死勿去，以明爲人臣之義。歷十有八姓，二千餘年，而亡城降子，不出於其間。由是言之，廣陵何負於天下哉？』

侍郎曰：『卓哉言乎！昔陳郡袁氏，世有死節之臣，矜其門地，不與人伍。今聞吾子之言，天下百郡，洵無若廣陵者。後之過者，式其城焉可也。抑聞之，危事不可以爲安，死事不可以爲生，則無爲貴知矣。此數君子者，劉毅材武，故有戰功；郗公名德，雍容而已。自祖皓以下，敗亡接踵。意川土平曠，非用武之地與？其民脆弱，不可以即戎與？若其建名立義，類多守土之臣。又虞翻所謂「外來之君，非其土人」者也。子其有以語我？』

中曰：『蔡澤有言：「人之立功，豈不期於成全邪？身與名俱全者，上也；名可法而身死者，其次也；名在僇辱而身全者，下也。」必若所言，求之前代，功成名遂，抑有人焉。孫策用兵，仿佛項羽。既定江東，威震海内。舉十倍之衆，叩城請戰，陳登出奇制勝，再破其軍。由是晝江以守。吴雖西略，而北不益地尺寸，則匡琦之戰爲之也。金人乘百戰百勝之勢，挾齊南下，其鋒不可當。韓世忠要之半塗，多所俘馘。諸將用命，同時奏功。戰勝之威，民氣百倍。由是開府山陽，屹爲重鎮，而淮東久不被兵，則大儀之戰爲之也。李全聯京東以爲餌，通蒙古以爲窟，屢賊帥臣，厚索稟賜，乍服乍叛，十有

六年，朝廷姑息，有似養虎。既連陷州縣，進薄三城，太清之禍，近在旦夕。趙葵建議討賊，身肩其事，輕兵迭出，所向有功，由是長鯨授首，餘寇悉平，迅掃淮壖，復爲王土，敵國寢謀，宗社再安，則新塘之戰爲之也。三者，保境却敵之功，至壯也。非地不利，人不勇也。苻堅强盛，禹迹所奄，九州有其七。傾國南侵，目無晋矣。謝玄以北府之兵，選鋒陷陣，使數十萬之衆，應時崩摧，秦因以亡。由是再復洛陽，進軍臨鄴，國威中振，尊謚曰「武」，則淝水之戰爲之也。開皇始議平陳，賀若弼獻其十策。已而潜師濟江，據其要害，直抵近郊。於時建康甲士，尚十餘萬人，魯達忠勇，人有死心。而弼力戰摧鋒，破其鋭卒，禽其驍將。由是陳諸軍皆潰，新林之師，鼓行而進，江左以平，則白土岡之戰爲之也。朱温雄踞大梁，并吞諸鎮，悉其精兵猛將，三道臨淮。當是時，淮南不守，錢氏、馬氏必不能自立。温之兵力，極於嶺海，地廣財富，則難圖也。楊行密、朱瑾决計攻瑕，梟其上將。偏敗衆携，長驅逐北。由是保據江、淮，奉唐正朔，闢土傳世。終梁之亡，不能得志於吴，則清口之戰爲之也。夫晋之與秦，吴之與梁，皆非敵也。然舉一國之命，決機於兩陳之間，小則兵敗將死，大則國亡若是矣。又况南北區分，垂三百年，一戰而天下合於一。以此行師，其孰能禦之？詩曰：「武王載旆，有虔秉鉞。如

火烈烈，則莫我敢曷。」廣陵有焉。若夫异人間出，邦家之光，前之所陳，固猶未盡，爲其事之不繫於廣陵也，則請備言之：桓、靈之際，常侍擅朝，朝野切齒。劉瑜以宗室明經，身侍禁闥，協心陳、竇，議誅宦官，仰觀天文，俾其速斷，謀之具違，并隕其族，而漢業亦衰。同姓之臣，與國升降，屈平之志也。王敦專制朝政，有無君之心。戴淵忠諒，盡心翼衛。及戎車犯順，石頭失守，雖逼凶威，抗辭不撓，主辱臣死，卒蒙其難。正色立朝，人莫敢過而致難於其君，孔父之義也。武氏始以色升，浸成驕横。來濟諫之，上官儀謀廢之。納君於善，繼之以死，比幹之仁也。龐勛既陷武寧，泗爲巡屬，又當長淮之衝，在所必争。辛讜出萬死不顧一生之計，冒圍求救，往反十二。是時賊兵北及泰山，南至横江，主帥既戕，官軍屢衄，而肘腋之下，一城獨完。苦身愁思，以憂社稷，申包胥之哭也。黄巢豨突京師，僭稱大號，乘輿播於遐裔。群盗蜂起，跨州連郡，唐之政令不復行於四方。當此之時，天命去矣。王鐸連十道之兵，總九伐之任，承制封拜，以繫海内之心。王師既奮，賊遂走死，而唐祚之復延者且三十年。二相干位，諸侯宗周，共和之政也。宋氏武功不競，西夏跳梁，宇内騷然，當宁旰食。張方平建議，赦其罪而與之更始。由是元昊請臣，而中國之民得以休息。及熙寧用兵，再進苦口，謀臣不忠，遂成

靈州永樂之禍，而神宗以此飲恨而終。王者務德而無勤民於遠，祭公謀父之諫也。故廣陵自周以前，越在荒服，其時人士，未聞於上國。秦、漢而下，始有可紀。然當三代盛時，忠臣烈士之行事所震耀於天壤者，先民有作，舉足以當之，此亦才之至盛已！至若政事法理，經緯乎民生；文學道藝，立言不朽；里閭耆德，孝子貞婦，一至之行，蓋以千百計。非國家之所以廢興存亡者，則皆略之。考其事迹則如彼，語其人才則如此。「維桑與梓，必恭敬止。」故君子尤樂道焉。夫子詳之！」

侍郎曰：『善乎，子之張廣陵也！辭富而事核，可謂有徵矣。古者誦訓之官，掌道方志，以詔觀事，王巡狩則夾王車。故曰：「山川能説，可以爲大夫。」吾子其選也！朱育之對，何足以當之！』

中謝不敏，退而發策，謹録爲是篇。

沈復（一七六三—約一八三二）

號三白，江蘇蘇州人。曾游幕四方，并幾度到揚州，其間，其相濡以沫的妻子芸娘卒於揚州，葬於揚州。其自傳體散文集《浮生六記》是中國文學史上的名著，本文選自其中的卷四《浪游記快》。

維揚記游

沈復

癸卯春，余從思齋先生就維揚之聘，始見金、焦面目。金山宜遠觀，焦山宜近視。惜余往來其間，未嘗登眺。渡江而北，漁洋所謂『緑楊城郭是揚州』一語，已活現矣。

平山堂離城約三四里，行其途有八九里，雖全是人工，而奇思幻想，點綴天然，即閬苑瑶池、瓊樓玉宇，諒不過此。其妙處在十餘家之園亭合而爲一，聯絡至山，氣勢俱貫。其最難位置處，出城八景，有一里許緊沿城郭。夫城綴於曠遠重山間，方可入畫。園林有此，蠢笨絶倫。而觀其或亭或臺，或墻或石，或竹或樹，半隱半露間，使游人不覺其觸目，此非胸有丘壑者斷難下手。

城盡以虹園爲首。折而向北，有石梁，曰『虹橋』。不知園以橋名乎？橋以園名乎？蕩舟過，曰『長堤春柳』。此景不綴城脚而綴於此，更見布置之妙。再折而西，壘土立廟，曰『小金山』。有此一擋，便覺氣勢緊凑，亦非俗

筆。聞此地本沙土，屢築不成，用木排若干層壘加土，費數萬金乃成。若非商家，烏能如是！過此有勝概樓，年年觀競渡於此。河面較寬，南北跨一蓮花橋。橋門通八面，橋面設五亭，揚人呼爲『四盤一暖鍋』。此思窮力竭之爲，不甚可取。橋南有蓮性寺，寺中突起喇嘛白塔，金頂瓔珞，高矗雲霄。殿角紅墻，松柏掩映，鐘磬時聞，此天下園亭所未有者。過橋見三層高閣，畫棟飛檐，五彩絢爛，疊以太湖石，圍以白石欄，名曰『五雲多處』，如作文中間之大結構也。過此，名『蜀岡朝旭』，平坦無奇，且屬附會。將及山，河面漸束，堆土植竹樹，作四五曲，似已山窮水盡，而忽豁然開朗，平山之萬松已列於前矣。

『平山堂』爲歐陽文忠公所書。所謂『淮東第五泉』，真者在假山石洞中，不過一井耳，味與天泉同。其荷亭中之六孔鐵井欄者，乃係假設，水不堪飲。

九峰園，另在南門幽靜處，別饒天趣，余以爲諸園之冠。康山未到，不識如何。此皆言其大概，其工巧處、精美處，不能盡述。大約宜以艷妝美人目之，不可作浣紗溪上觀也。

余適恭逢南巡盛典，各工告竣，敬演接駕點綴，因得暢其大觀，亦人生難遇者也。

梁章鉅（一七七五—一八四九）

字芷鄰，又字茝中，號退庵，福建長樂人。嘉慶七年進士，官至江蘇巡撫，兼署兩江總督，曾多次到過揚州。有《楹聯叢話》等行世。

小玲瓏山館

梁章鉅

邗上舊迹，以小玲瓏山館爲最著。余曾兩度往探其勝，尋所謂玲瓏石者，皆所見不逮所聞。

地先屬馬氏，今歸黃氏，即黃右原家，右原之兄紹原太守主之。余曾檢《揚州郡志》及《畫舫録》，皆不得其詳，遂固向右原索顛末。右原爲録示梗概云：康熙、雍正間，揚城鹺商中有三通人，皆有名園。其一在南河下，即康山，爲江鶴亭方伯所居。其園最晚出，而最有名。乾隆間翠華臨幸，親御丹毫。鶴亭身後，因欠帑，園入官。今儀徵太傅領買官房，即康山正宅。園在其側，已荒廢不可收拾，終年鍵户，爲游踪所不到。蓋康山以『康對山來游』得名，揚郡無石山，僅三土山，平山、浮山及康山是也。康山若再過數年，無人興修，故迹必愈湮，恐無有能指其處者，而不知當日樓臺金粉，簫管烟花。蔣心餘先生嘗主其園中之秋聲館，所撰九種曲內，《空谷香》、《四弦秋》，皆朝拈斑管，夕登氍毹，一時觴宴之盛，與汪蛟門之百尺梧桐

閣、馬半槎之小玲瓏山館後先媲美，鼎峙而三。汪、馬之舊迹，皆在東關大街。汪、馬、江三公皆鹺商，而汪、馬二公又皆應詞科。汪氏懋麟，江都人，由丁未進士授中書，以薦試康熙鴻博，爲漁洋山人高足弟子。園中有百尺梧桐，千年枸杞。今枸杞尚存，而老梧已萎，所茁孫枝，無復曩時亭苕百尺矣。此園屢易其主，現爲運司房科孫姓所有。

至小玲瓏山館，因吳門先有玲瓏館，故此以小名。玲瓏石即太湖石，不加追琢，備透、皺、瘦三字之奇。馬氏兩兄弟，兄名曰琯，字嶰谷，一字秋玉；弟名曰璐，字半槎，皆薦試乾隆鴻博科。開四庫館時，馬氏藏書甲一部，以獻書多，遂拜《圖書集成》之賜，此《叢書樓書目》所由作也。然叢書樓轉不在園。園之勝處爲街南書屋、覓句廊、透風漏月、兩明軒、藤花庵諸題額。主其家者爲杭大宗、厲樊榭、全謝山、陳授衣、閔蓮峰，皆名下士，有《邗江雅集》、《九日行庵文宴圖》問世。輾轉十數年，園歸汪氏雪礓。汪氏爲康山門客，能詩善畫，今園門石碣題『詩人舊徑』者，猶雪礓筆也。

園之玲瓏石，高出檐表，鄰人惑於形家言，嫌其與風水有礙，而憚鴻博名高，隱忍不敢較。鴻博既逝，園爲他人所據，鄰人得以伸其說，遂有瘞石之事。故汪氏初得此園，其石已無可踪迹，不得已以他石代之。後金棕亭國博過園中觴咏，詢及老園丁，知石埋土中某處。其時雪礓聲光藉甚，而鄰人已非復當年倔强，遂決計諏吉，集百餘人起此石復立焉。惜石之孔竅爲土所塞，搜剔不得法，石忽中斷。今之玲瓏石巋然而獨存者，較舊時石質不過十之五耳。

汪氏後人又不能守，歸蔣氏，亦運司房科，又從而擴充之，朱欄碧甃，爛漫極矣，而轉失其本色，且將馬氏舊額悉易新名。今歸黃氏，始漸復其舊云。

朱自清（一八九八—一九四八）

原名自華，字佩弦，號實秋。原籍浙江紹興，後家揚州，遂自稱『揚州人』。現代著名散文家、詩人，曾任清華大學、西南聯大教授。有《朱自清文集》。

我是揚州人

朱自清

有些國語教科書裏選得有我的文章，注解裏或說我是浙江紹興人，或說我是江蘇江都人——就是揚州人。有人疑心江蘇江都人是錯了，特地老遠的寫信托人來問我。我說兩個籍貫都不算錯，但是若打官話，我得算浙江紹興人。浙江紹興是我的祖籍或原籍，我從進小學就填的這個籍貫；直到現在，在學校裏服務快三十年了，還是報的這個籍貫。不過紹興我衹去過兩回，每回衹住了一天；而我家裏除先母外，没一個人會說紹興話。

我家是從先祖纔到江蘇東海做小官。東海就是海州，現在是隴海路的終點。我就生在海州。四歲的時候先父又到邵伯鎮做小官，將我們接到那裏。海州的情形我全不記得了，衹對海州話還有親熱感，因爲父親的揚州話裏夾着不少海州口音。在邵伯住了差不多兩年，是住在萬壽宫裏。萬壽宫的院子很大，很静；門口就是運河。河坎很高，我常向河裏扔瓦片頑兒。邵伯有個鐵牛灣，那兒有一條鐵牛鎮壓着。父親的當差常抱我去看它，騎它，撫摸它。鎮裏的情形我也差不多忘記了。衹記住在鎮裏一家人家的私塾裏讀過書，在那裏認識了一個好朋友叫江家振。我常到他家頑兒，傍晚和他坐在他家荒園裏一根横倒的枯樹榦上説着話，依依不捨，不想回家。這就是我第一個好朋友，可惜他未成年就死了；記得他瘦得很，也許是肺病罷？

六歲那一年父親將全家搬到揚州。後來又迎養先祖父和先祖母。父親曾到江西做過幾年官，我和二弟也曾去過江西一年；但是老家一直在揚州住着。我在揚州讀初等小學，没畢業；讀高等小學，畢了業；讀中學，也畢了業。我的英文得力於高等小學裏一位黄先生，他已經過世了。還有陳春臺先生，他現在是北平著名的數學老師。這兩位先生講解英文真清楚，啓發了我學習的興趣；衹恨我始終没有將英文學好，愧對這兩位老師。還有一位戴子秋先生，也早過世了，我的國文是跟他老人家學着做通了的。那是辛亥革命之後在他家夜塾裏的時候。中學畢業，我是十八歲，那年就考進了北京大學預科，從此就不常在揚州了。

就在十八歲那年冬天，父親母親給我在揚州完了婚。内人武鍾謙女士是杭州籍，其實也是在揚州長成的。她從不曾去過杭州；後來同我去是第一次。她後來因爲肺病死在揚州，我曾爲她寫過一篇《給亡婦》。我和她結婚

的時候，祖父已死了好幾年了。結婚後一年祖母也死了。他們兩老都葬在揚州，我家於是有祖塋在揚州了。後來亡婦也葬在這祖塋裏。母親在抗戰前兩年過世，父親在勝利前四個月過世，遺憾的是我都不在揚州；他們也葬在那祖塋裏。這中間叫我痛心的是死了第二個女兒！她性情好，愛讀書，做事負責任，待朋友最好。已經成人了，不知什麼病，一天半就完了！她也葬在祖塋裏。我有九個孩子。除第二個女兒外，還有一個男孩不到一歲就死在揚州；其餘亡妻生的四個孩子都曾在揚州老家住過多少年。這個老家直到今年夏初纔解散了，但是還留着一位老年的庶母在那裏。

我家跟揚州的關係，大概够得上古人説的『生於斯，死於斯，歌哭於斯』了。現在亡妻生的四個孩子都已自稱爲揚州人了；我比起他們更算是在揚州長成的，天然更該算是揚州人了。但是從前一直馬馬虎虎的騎在墻上，并且自稱浙江人的時候還多些。又爲了什麼呢？這一半因爲報的是浙江籍，求其一致，一半也還有些别的道理。這些道理第一椿就是籍貫是無所謂的。那時要做一個世界人，連國籍都覺得狹小，不用説省籍和縣籍了。那時候在大學裏覺得同鄉會最没有意思。我同住的和我來往的自然差不多都是揚州人，自己却因爲浙江籍，不去參加江蘇或揚州同鄉會。可是雖然是浙

江紹興籍，却又没跟一個道地浙江人來往，因此也就没人拉我去開浙江同鄉會，更不用説紹興同鄉會了。這也許是兩栖或騎墻的好處罷？然而出了學校以後到底常常會到道地紹興人了。我既然不會説紹興話，并且除了花雕和蘭亭外幾乎不知道紹興的别的情形，於是乎往往衹好自己承認是假紹興人。那雖然一半是玩笑，可也有點兒窘的。

還有一椿道理就是我有些討厭揚州人；我討厭揚州人的小氣和虛氣。小是眼光如豆，虛是虛張聲勢，小氣無須舉例。虛氣例如已故的揚州某中央委員，坐包車在街上走，除拉車的外，又跟上四個人在車子邊推着跑着。我曾經寫過一篇短文，指出揚州人這些毛病。後來要將這篇文收入散文集《你我》裏，商務印書館不肯，怕再鬧出『閑話揚州』的案子。這當然也因爲他們總以爲我是浙江人，而浙江人駡揚州人是會得罪揚州人的。但是我也并不抹煞揚州的好處，曾經寫過一篇《揚州的夏日》，還有在《看花》裏也提到揚州福緣庵的桃花。再説現在年紀大些了，覺得小氣和虛氣都可以算是地方氣，絶不止是揚州人如此。從前自己常答應人説自己是紹興人，一半又因爲紹興有些憨氣，而揚州人似乎太聰明，其實揚州人也未嘗没憨氣，我的朋友任中敏（二北）先生，辦了這麼多年漢民中學，不管人家理會不理

會，難道還不够『憨』的！紹興人固然有憨氣，但是也許還有別的氣我討厭的，不過我不深知罷了，這也許是阿Q的想法罷？然而我對於揚州的確漸漸親熱起來了。

揚州真像有些人説的，不折不扣是個有名的地方。不用遠説，李斗《揚州畫舫録》裏的揚州就够羡慕的。可是現在衰落了，經濟上是一日千丈的衰落了，祇看那些没精打采的鹽商家就知道了。揚州人在上海被稱爲江北佬，這名字總而言之表示低等的人。江北佬在上海是受欺負的，他們於是學些不三不四的上海話來冒充上海人。到了這地步他們可竟會忘其所以的欺負起那些新來的江北佬了。這就養成了揚州人的自卑心理。抗戰以來許多揚州人來到西南，大半都自稱爲上海人，就靠着那一點不三不四的上海話；甚至連這一點都没有，也還自稱爲上海人。其實揚州人在本地也有他們的驕傲的。他們稱徐州以北的人爲侉子，那些人説的是侉話。他們笑鎮江人説話土氣，南京人説話大舌頭，儘管這兩個地方都在江南。英語他們稱爲蠻話，説這種話的當然是蠻子了。然而這些話祇好關着門在家裏説，到上海一看，立即就會矮上半截，縮起舌頭不敢噴一聲了。揚州真是衰落得可以啊！

我也是一個江北佬，一大堆揚州口音就是招牌，但是我却不願做上海

人；上海人太狡猾了。況且上海對我太生疏，生疏的程度跟紹興對我也差不多；因爲我知道上海雖然也許比知道紹興多些，但是紹興究竟是我的祖籍，上海是和我水米無干的。然而年紀大起來了，世界人到底做不成，我要一個故鄉。俞平伯先生有一行詩，説『把故鄉掉了』。其實他掉了故鄉又找到了一個故鄉；他詩文裏提到蘇州那一股親熱，是可羡慕的，蘇州就算是他的故鄉了。他在蘇州度過他的童年，所以提起來一點一滴都親親熱熱的，童年的記憶最單純最真切，影響最深最久；種種悲歡離合，回想起來最有意思。『青燈有味是兒時』，其實不止青燈，兒時的一切回憶都是有味的。這樣看，在那兒度過童年，就算那兒是故鄉，大概差不多罷？這樣看，就祇有揚州可以算是我的故鄉了。何況我的家又是『生於斯，死於斯，歌哭於斯』呢？所以揚州好也罷，歹也罷，我總該算是揚州人的。

揚州的夏日

朱自清

揚州從隋煬帝以來，是詩人文士所稱道的地方；稱道的多了，稱道得久了，一般人便也隨聲附和起來。直到現在，你若向人提起揚州這個名字，他會點頭或摇頭説：『好地方！好地方！』特别是没去過揚州而念過《揚州畫舫録》一類書，那更不得了。一個久住揚州像我的人，他却没有那麼美麗的幻想，他的憎惡也許掩住了他的愛好；他也許離開了三四年并不去想它。若是想呢——你説他想什麼？女人；不錯，這似乎也有名。但怕不是現在的女人吧——他也衹會想着揚州的夏日，雖然與女人仍然不無關係的。

北方和南方一個大不同，在我看，就是北方無水而南方有。誠然。北方今年大雨，永定河、大清河甚至決了堤防，但這并不能算是有水；北平的三海和頤和園雖然有點兒水，但太平衍了，一覽而盡，船又那麼笨頭笨腦的。有水的仍然是南方。揚州的夏日，好處大半便在水上——有人稱爲『瘦西湖』，這個名字真是太『瘦』了，假西湖之名以行，『雅得這樣俗』，老實説，我是不喜歡的。下船的地方便是護城河，曼衍開去，曲曲折折，直到平山堂——這是你們熟悉的名字——有七八里河道，還有許多杈杈丫丫的支流。這條河其實也没有頂大的好處，衹是曲折而有些幽静，和别處不同。

沿河最著名的風景是小金山，法海寺，五亭橋；最遠的便是平山堂了。金山你們是知道的，小金山却在水中央。在那裏望水最好。看月自然也不錯——可是我還不曾有過那樣福氣。『下河』的人十之九是到這兒的，人不免太多些，法海寺有一個塔，和北海的一樣。據説是乾隆皇帝下江南，鹽商們連夜督促匠人造成的。法海寺著名的自然是這個塔；但還有一樁，你們猜不着，是紅燒猪頭。夏天吃紅燒猪頭，在理論上也許不甚相宜；可是在實際上，揮汗吃着，倒也不壞的。五亭橋如名字所示，是五個亭子的橋。橋是拱形，中一亭最高，兩邊四亭，參差相稱；最宜遠看，或看影子，也好。橋洞頗多，乘小船穿來穿去，另有風味。平山堂在蜀岡上。登堂可見江南諸山淡淡的輪廓；『山色有無中』一句話，我看是恰到好處，并不算錯。這裏游人較少，閑坐在堂上，可以永日，沿路風景，也以閑寂勝。從天寧門或北門下船，蜿蜒的城墻，在水裏倒映着蒼黝的影子，小船悠然地撑過去，岸上的喧擾像没有似的。

船有三種：大船專供宴游之用，可以挾妓或打牌。小時候常跟了父親去，在船裏聽着謀得利洋行的唱片。現在這樣乘船的大概少了吧？其次是『小划子』，真像一瓣西瓜，由一個男人或女人用竹篙撑着。乘的人多了，便可雇兩隻，前後用小凳子跨着：這也可算得『方舟』了。後來又有一種『洋划』，比大船小，比『小划子』大，上支布篷，可以遮日遮雨。『洋划』漸漸地多，大船漸漸地少，然而『小划子』總是有人要的。這不獨因爲價錢最賤，也因爲它的伶俐，一個人坐在船中，讓一個人站在船尾上用竹篙一下一下地撑着，簡直是一首唐詩，或一幅山水畫。而有些好事的少年，願意自己撑船，也非『小划子』不行。『小划子』雖然便宜，却也有些分别。譬如説，你們也可想到的，女人撑船總要貴些；姑娘撑的自然更要貴羅。這些撑船的女人，便是有人説過的『瘦西湖上的船娘』。船娘們的故事大概不少，但我不很知道。據説以亂頭粗服，風趣天然爲勝；中年而有風趣，也仍然算好。可是起初原是逢場作戲，或尚不傷廉惠；以後居然有了價格，便覺意味索然了。

北門外一帶，叫做下街，『茶館』最多，往往一面臨河。船行過時，茶客與乘客可以隨便招呼説話。船上人若高興時，也可以向茶館中要一壺茶，或

一兩種『小籠點心』，在河中喝着，吃着，談着。回來時再將茶壺和所謂小籠，連價款一并交給茶館中人。撑船的都與茶館相熟，他們不怕你白吃。揚州的小籠點心實在不錯：我離開揚州，也走過七八處大大小小的地方，還沒有吃過那樣好的點心；這其實是值得惦記的。茶館的地方大致總好，名字也頗有好的。如香影廊，緑楊村，紅葉山莊，都是到現在還記得。緑楊村的幌子，挂在緑楊樹上，隨風飄展，使人想起『緑楊城郭是揚州』的名句。裏面還有小池，丛竹，茅亭，景物最幽。這一帶的茶館布置都歷落有致，迥非上海、北平方方正正的茶樓可比。

『下河』總是下午。傍晚回來，在暮靄朦朧中上了岸，將大褂折好搭在腕上，一手微微摇着扇子；這樣進了北門或天寧門走回家中。這時候可以念『又得浮生半日閑』那一句了。

圖書在版編目(CIP)數據

歷代名人咏揚州 / 湯天波主編. — 揚州：廣陵書社，2006.3

ISBN 7-80694-157-6

Ⅰ.歷… Ⅱ.湯… Ⅲ.①詩歌—作品集—中國 ②詞（文學）—作品集—中國③散文—作品集—中國 ④賦—作品集—中國 Ⅳ.I211

中國版本圖書館 CIP 數據核字（2006）第 011912 號

歷代名人咏揚州

主　編　湯天波
責任編輯　馬　琳
出版發行　廣陵書社
地　址　揚州市文昌西路中國雕版印刷博物館附二樓
郵　編　二二五〇一二
電　話　（〇五一四）五二二八〇八八　五二二八〇八九
印　刷　揚州文津閣古籍印務有限公司
版　次　二〇〇六年三月第一版第一次印刷
標準書號　ISBN 7-80694-157-6/I·34
定　價　貳佰捌拾圓整